Stanisław Mokwa

M4 Sherman
M4, M4A1, M4A4 Firefly

M4 Sherman was the most popular American tank of World War II. Between February, 1942, and June, 1945, a total of 49.000 units of all versions were produced. Dozens of variants of M4 tanks were created. They differed in the method of hull production (welded, riveted, casted) as well as turret, main armament and additional equipment. Several special versions were also made (especially for the needs of the Normandy landing in 1944): the floating Sherman DD (Duplex Drive), Sherman Crab (with anti-mine trawl), Sherman Dozer (with bulldozer at the front – for demining and engineering tasks), Sherman Zippo (Sherman with a flamethrower mounted instead of the main gun).

At the time of entry into service in the autumn of 1942, Sherman was equal to German tanks, and even exceeded some of them. Over time, however, Shermans had to compete with increasingly heavier German tanks (Tiger, Panther) and tank destroyers (Jagdpanther), which due to their strong armour and strong armament had a huge advantage over American vehicles. The basic 75mm gun mounted in the early versions of the Shermans could not penetrate the frontal armour of said vehicles. The problem was solved by introducing 76mm M1 cannons and M62 and M79 anti-tank projectiles, which could penetrate the Tiger's frontal armour from a distance of 750–1000 meters. After the introduction of the M93 projectiles, the efficiency increased to even 1.400 meters. Also the British version of Sherman, called Firefly, which was armed with an excellent 17-pounder, had no problem with penetrating the armour of German heavy tanks.

The main armament was complemented by 7.62 mm or 12.7 mm machine guns (the number of MGs depended on the tank version).

Sherman's armour was very different – depending on the version and production period. In general, the armour of the M4 tanks was not enough to protect the vehicle from the effects of being hit by dangerous German 75mm, 88mm and 105mm guns. In addition, Sherman's tall silhouette, caused by the use of a star engine, deteriorated the possibility of more effective armouring. In this context, the Sherman's advantage was in their considerable number, not strength.

Shermans were used by the armies of several countries during World War II: the USA, Great Britain, Poland, France and the USSR (supplied under the Lend Lease agreement). Many Shermans also fought in later conflicts in various regions of the world.

M4 Sherman był najpopularniejszym amerykańskim czołgiem w czasie II wojny światowej. W okresie od lutego 1942 r. do czerwca 1945 r. wyprodukowano łącznie 49 000 sztuk wszystkich wersji. Powstało kilkadziesiąt wariantów czołgów M4. Różniły się sposobem produkcji kadłuba (wersje spawane, nitowane, odlewane) i wieży, uzbrojeniem głównym i wyposażeniem dodatkowym. Powstało też kilka wersji specjalnych (zwłaszcza na potrzeby desantu w Normandii w 1944 r.): pływający Sherman DD (Duplex Drive – podwójny napęd), Sherman Crab (z trałem przeciwminowym), Sherman Dozer (czołg inżynieryjny ze spychaczem z przodu – do rozminowywania i prac inżynierskich), Sherman Zippo (Sherman z zamontowanym miotaczem ognia zamiast głównego działa).

W chwili wejścia do służby jesienią 1942 r. Sherman dorównywał czołgom niemieckim, a nawet niektóre z nich przewyższał. Wraz z upływem czasu Shermany musiały jednak stawać w szranki z coraz cięższymi niemieckimi czołgami (Tygrys, Pantera) i niszczycielami czołgów (Jagdpanther), które z racji mocnego opancerzenia i silnego uzbrojenia miały ogromną przewagę nad pojazdami amerykańskimi. Podstawowa armata kal. 75 mm montowana we wczesnych wersjach Shermanów nie była w stanie przebić pancerza przedniego wspomnianych wozów. Problem udało się rozwiązać, wprowadzając armaty M1 kal. 76 mm i pociski przeciwpancerne M62 oraz M79, które mogły przebić czołowy pancerz Tygrysa z dystansu 750–1000 metrów. Po wprowadzeniu pocisków M93 skuteczność wzrosła nawet do ok. 1400 metrów. Również brytyjska wersja Shermana, nazwana Firefly, która była uzbrojona w doskonałą armatę 17-funtową, nie miała problemu z przebiciem pancerza niemieckich czołgów ciężkich.

Uzbrojenie główne uzupełniały karabiny maszynowe kalibru 7,62 mm lub 12,7 mm (liczba kaemów zależała od wersji czołgu).

Opancerzenie Shermana było bardzo różne – w zależności od wersji i okresu produkcji. Generalnie pancerz czołgów M4 nie był wystarczający, by uchronić pojazd przed skutkami trafienia z groźnych niemieckich dział kal. 75 mm, 88 mm, 105 mm. Ponadto wysoka sylwetka Shermana, spowodowana zastosowaniem silnika gwiazdowego, pogarszała możliwość skuteczniejszego opancerzenia. W tym kontekście przewaga Shermanów polegała na ich znacznej liczbie, a nie sile.

Shermany były wykorzystywane przez armie kilku krajów w czasie II wojny światowej: USA, Wielkiej Brytanii, Polski, Francji i ZSRR (dostarczane w ramach umowy Lend Lease). Wiele Shermanów walczyło także w późniejszych konfliktach w różnych regionach świata.

M4 Sherman. M4, M4A1, M4A4 Firefly • Stanisław Mokwa
First edition / Wydanie pierwsze • LUBLIN 2020 • ISBN 978-83-66148-93-2

© All rights reserved. / Wszystkie prawa zastrzeżone. Wykorzystywanie fragmentów tej książki do przedruków w gazetach i czasopismach, w audycjach radiowych i programach telewizyjnych bez pisemnej zgody Wydawcy jest zabronione. Nazwa serii zastrzeżona.
Substantive editor / Redaktor merytoryczny: **Mariusz Łukasik** • Translation / Tłumaczenie: **Stanisław Powała-Niedźwiecki**
• Color profiles / Plansze barwne: **Arkadiusz Wróbel** • Scale drawings / Rysunki techniczne: **Stanisław Mokwa** • Design: **KAGERO STUDIO**

Distribution / Dystrybucja: Kagero Publishing • www.kagero.pl • e-mail: kagero@kagero.pl, marketing@kagero.pl
Editorial Office, Marketing / Redakcja, Marketing: Kagero Publishing, ul. Akacjowa 100, os. Borek, Turka, 20-258 Lublin 62, Poland, phone/fax +48 81 501 21 05

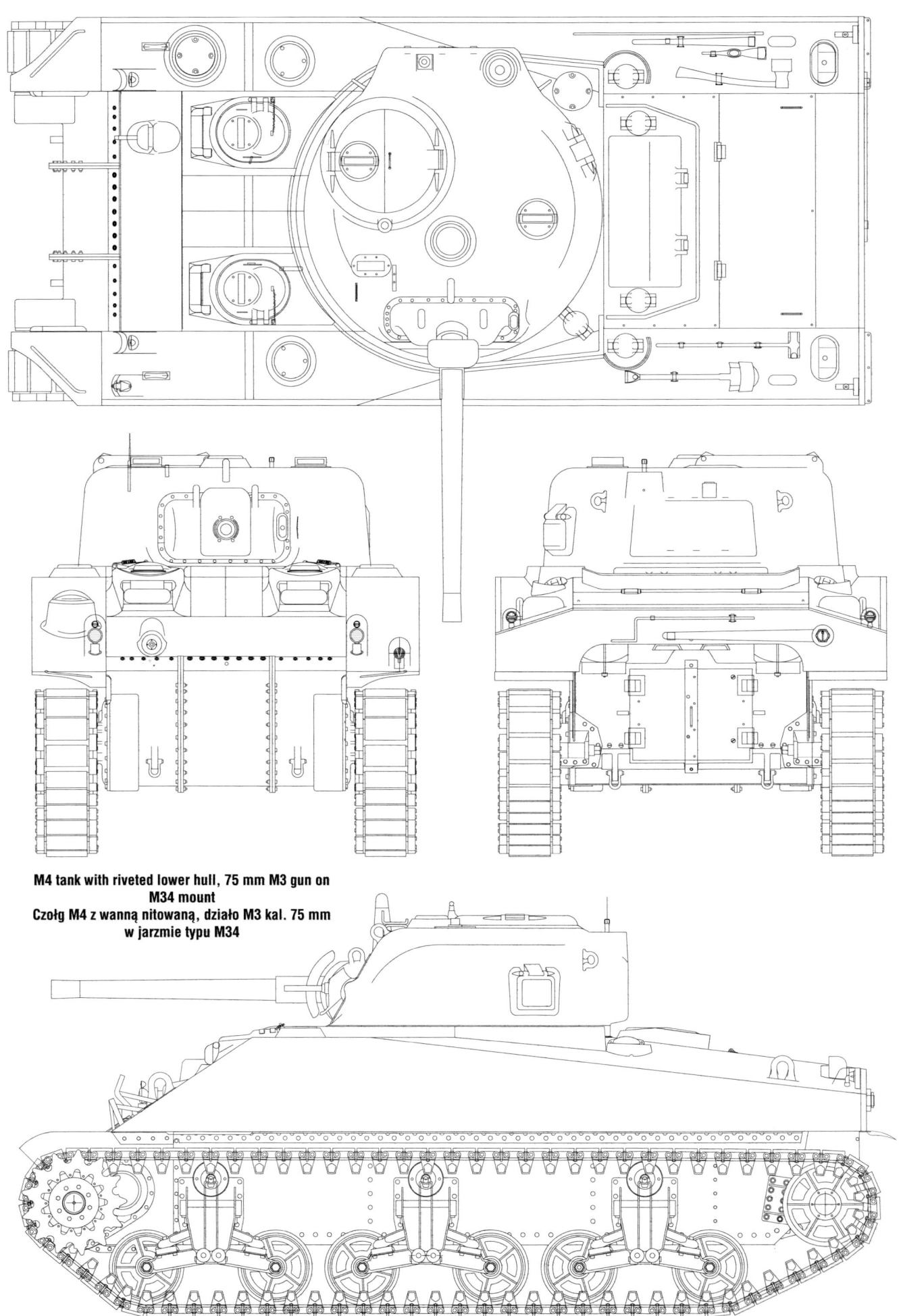

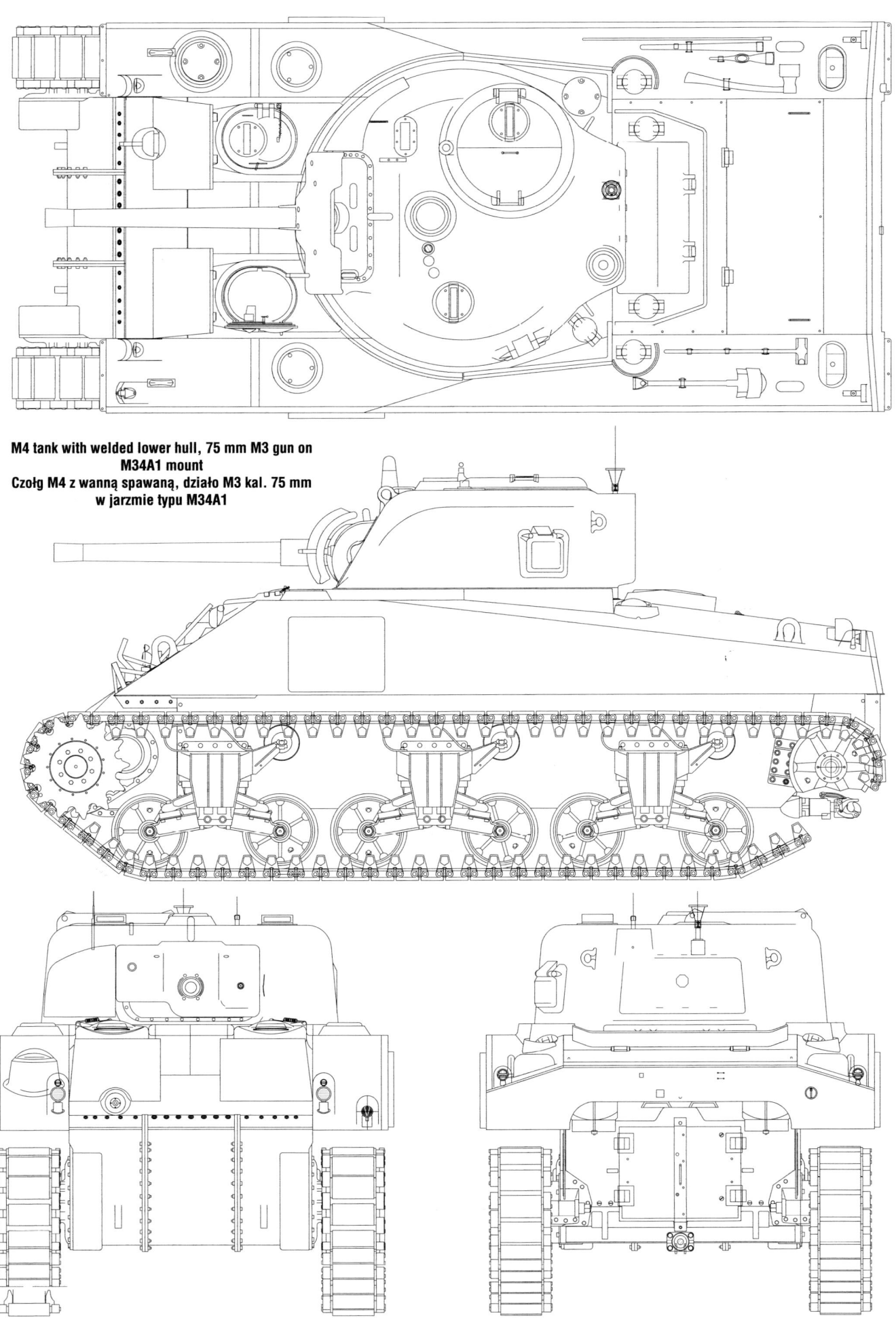

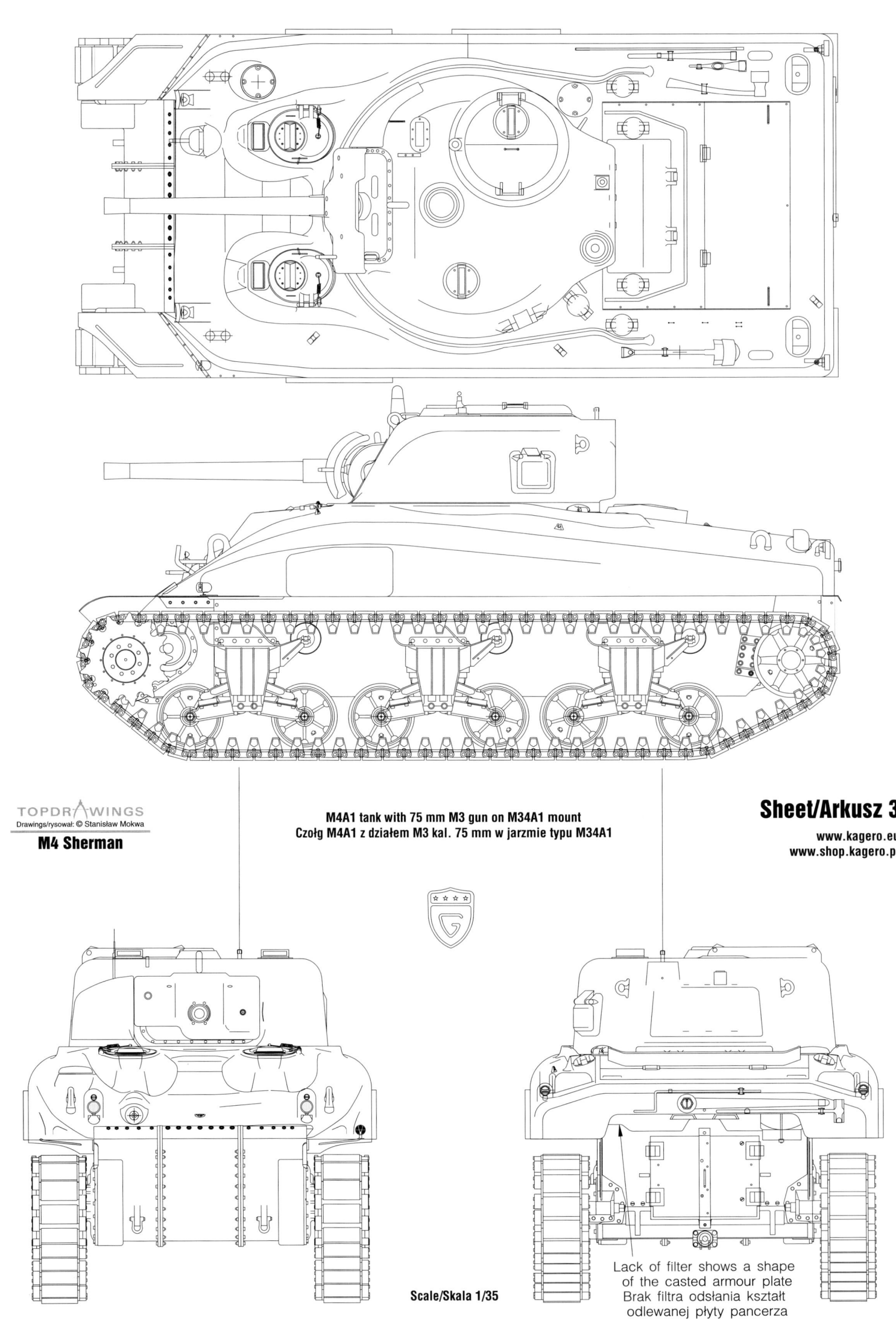

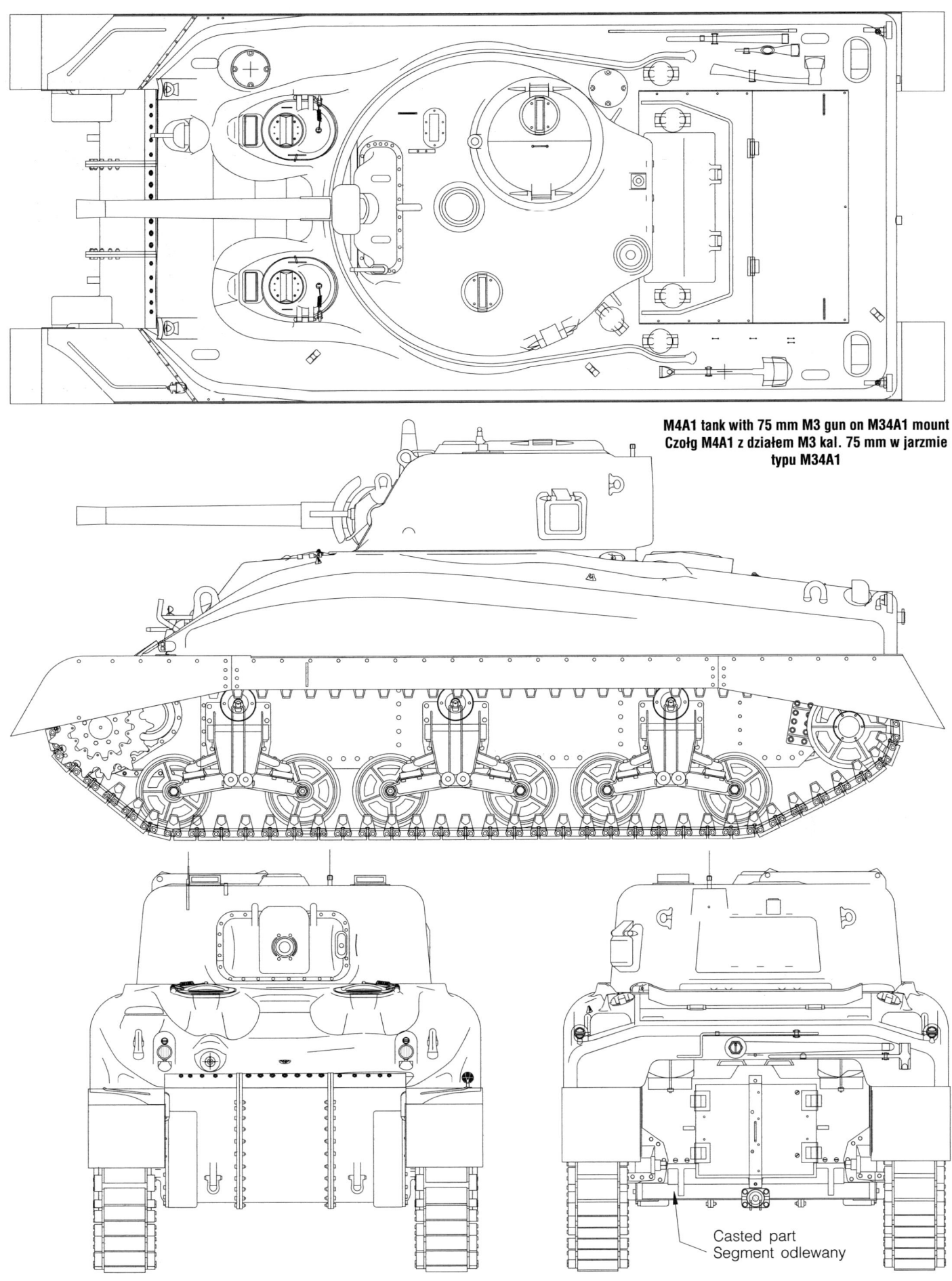

M4 Sherman

Sheet/Arkusz 5

Barrel, breechblock and the yoke of M3 gun. 1/35 scale
Wygląd lufy, zamka i kołyski armaty M3. Skala 1/35

Front fenders mounting – sketch
Montaż przednich błotników – szkic

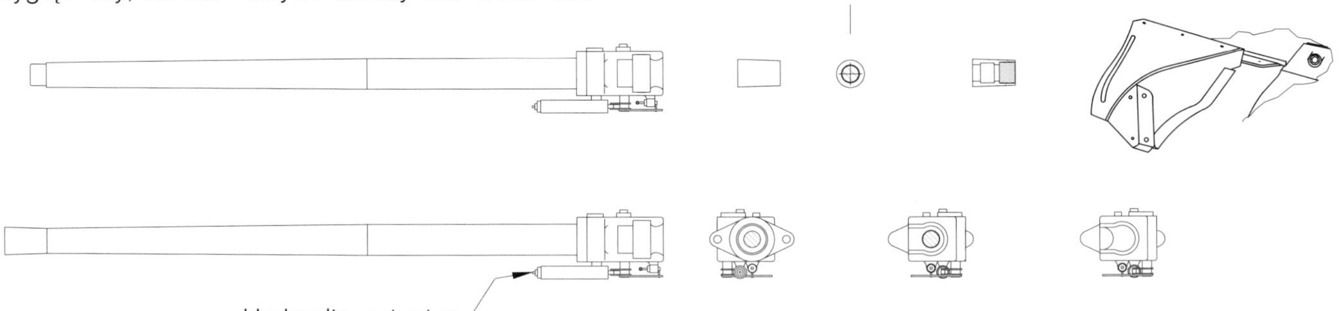

A   A - A

Hydraulic actuator
Siłownik hydrauliczny

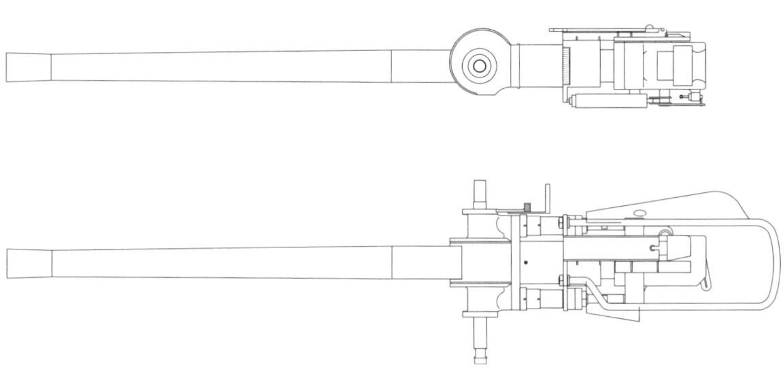

Right, basket type antenna mount – 1/6 scale
Prawy, koszowy uchwyt anteny – skala 1/6

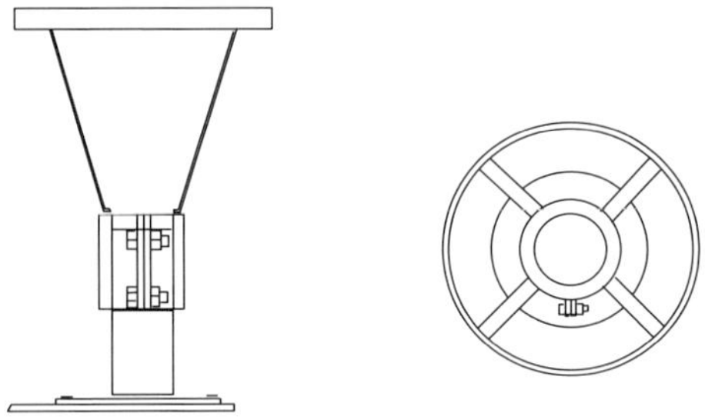

Periscopes covers
Wygląd klapek peryskopów

Shield and mount of .30 cal machine gun and ammo box basket
Tarcza, łoże karabinu 0,30 cala i kosz na skrzynkę amunicyjną

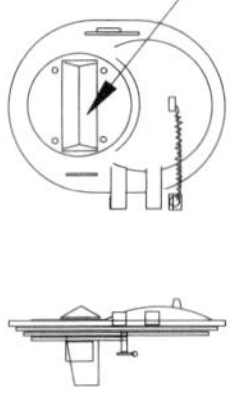

Pressed cover with wire housing
Tłoczona klapka z drucianą osłoną

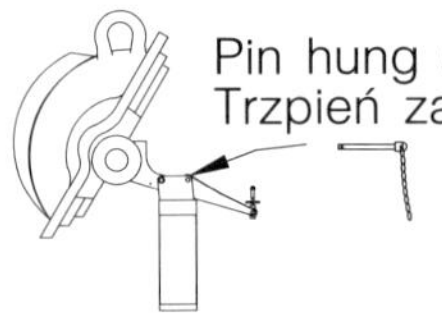

Pin hung on chain
Trzpień zawieszony na łańcuszku

M34 yoke with .30 cal machine gun slot – horizontal view ± 0.00
Jarzmo typu M34 z gniazdem kaemu 0,30 cala – widok w poziomie ± 0,00

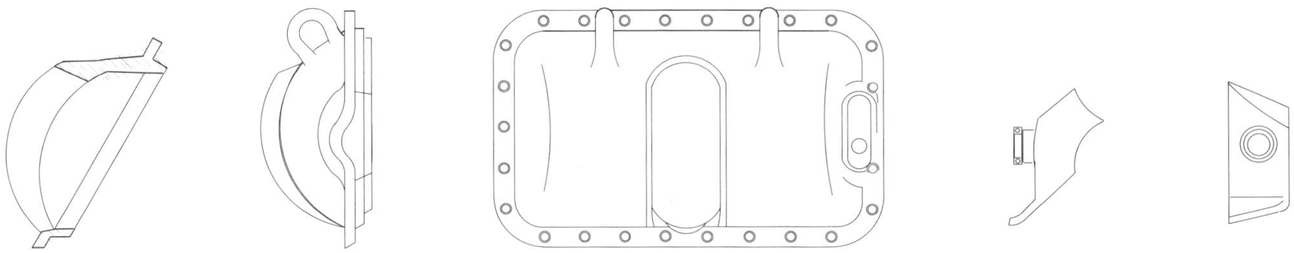

Standard U.S. Army's towing hook. 1/24 scale
Standardowy hak holowniczy U.S. Army. Skala 1/24

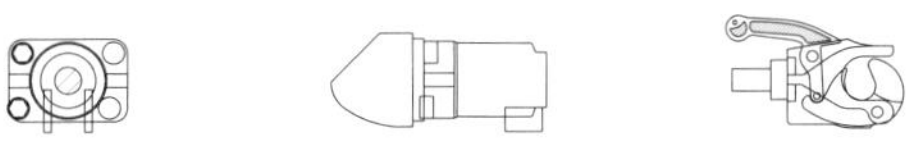

Sketch of anti-slip spur. 1/24 scale
Szkic ostrogi antypoślizgowej. Skala 1/24

M3 gun – main armament of M4 tanks
Armata M3 – uzbrojenie główne czołgów M4

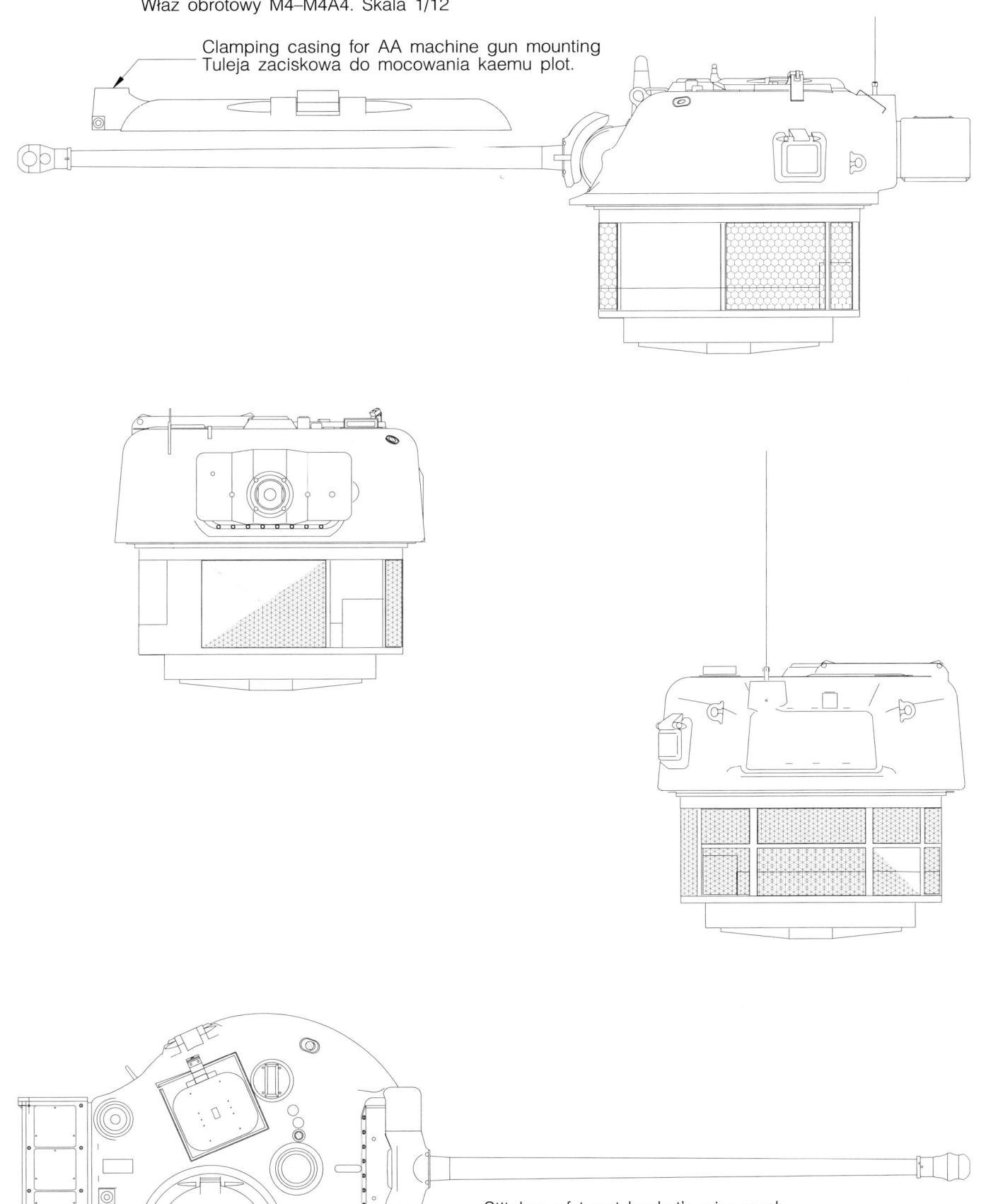

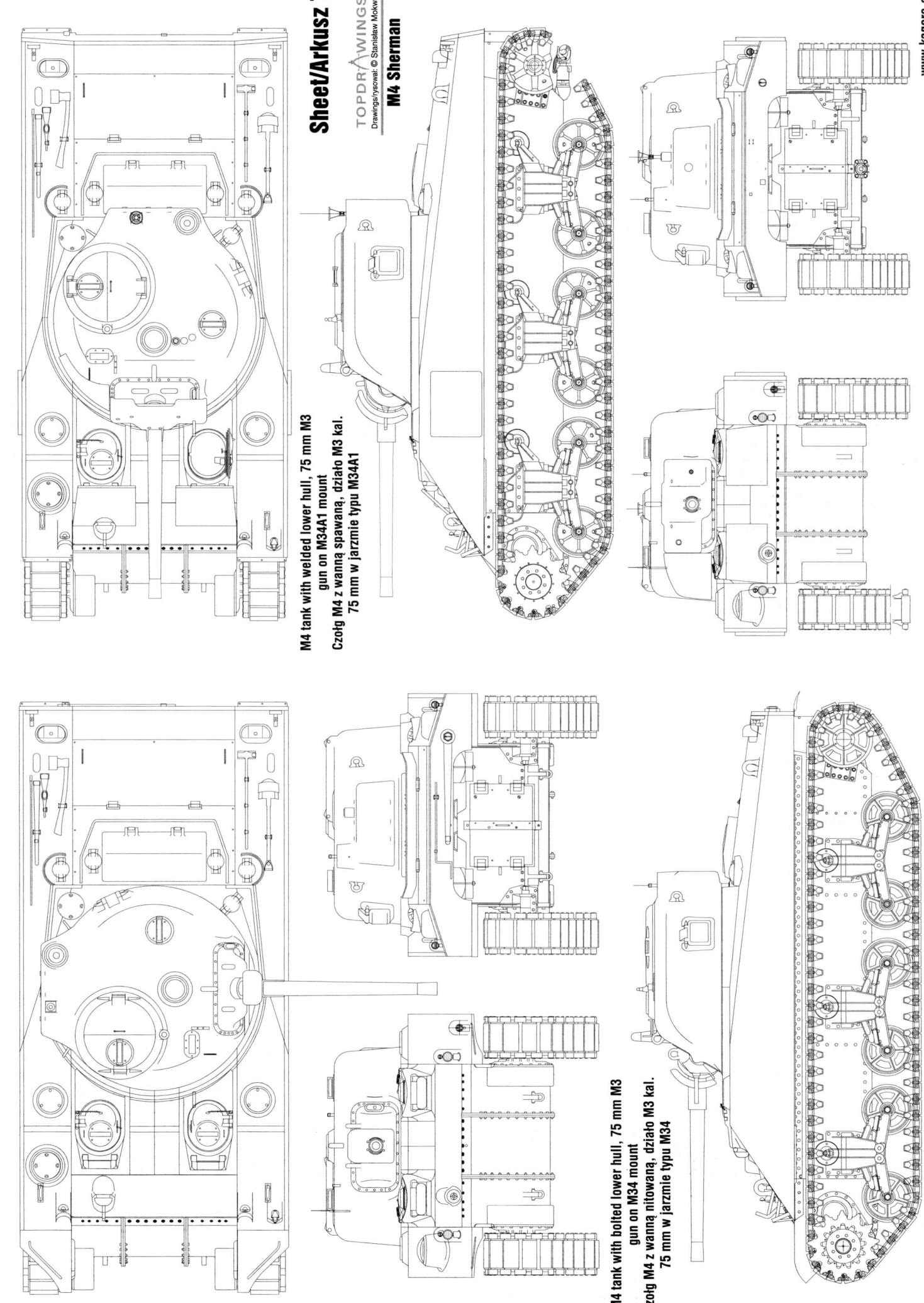

M4 Sherman of 13/18th Royal Hussars Regiment, 27th Armoured Brigade. Normandy, June, 1944
M4 Sherman, 13/18 Królewski Pułk Huzarów, 27. Brygada Pancerna. Normandia, czerwiec 1944 r.

M4A1 Sherman of 603rd Armoured Company, 41st Infantry Division. Caroline Islands, summer, 1944
M4A1 Sherman. 603. Kompania Pancerna, 41. Dywizja Piechoty, Wyspy Karolińskie, lato 1944 r.

Painted by / Malował: Arkadiusz Wróbel

Painted by / Malował: Arkadiusz Wróbel

M4 Sherman of Task Force X from US 3rd Armoured Division. Roeten area, October, 1944
M4 Sherman należący do Task Force X amerykańskiej 3. Dywizji Pancernej; Rejon Roeten, październik 1944 r.

M4 Sherman (105) of 15th Tank Battalion, 6th Armoured Division. Houfallize, January, 1945
M4 Sherman (105) należący do 15. Batalionu Czołgów 6. Dywizji Pancernej, Houfallize, styczeń 1945 r.

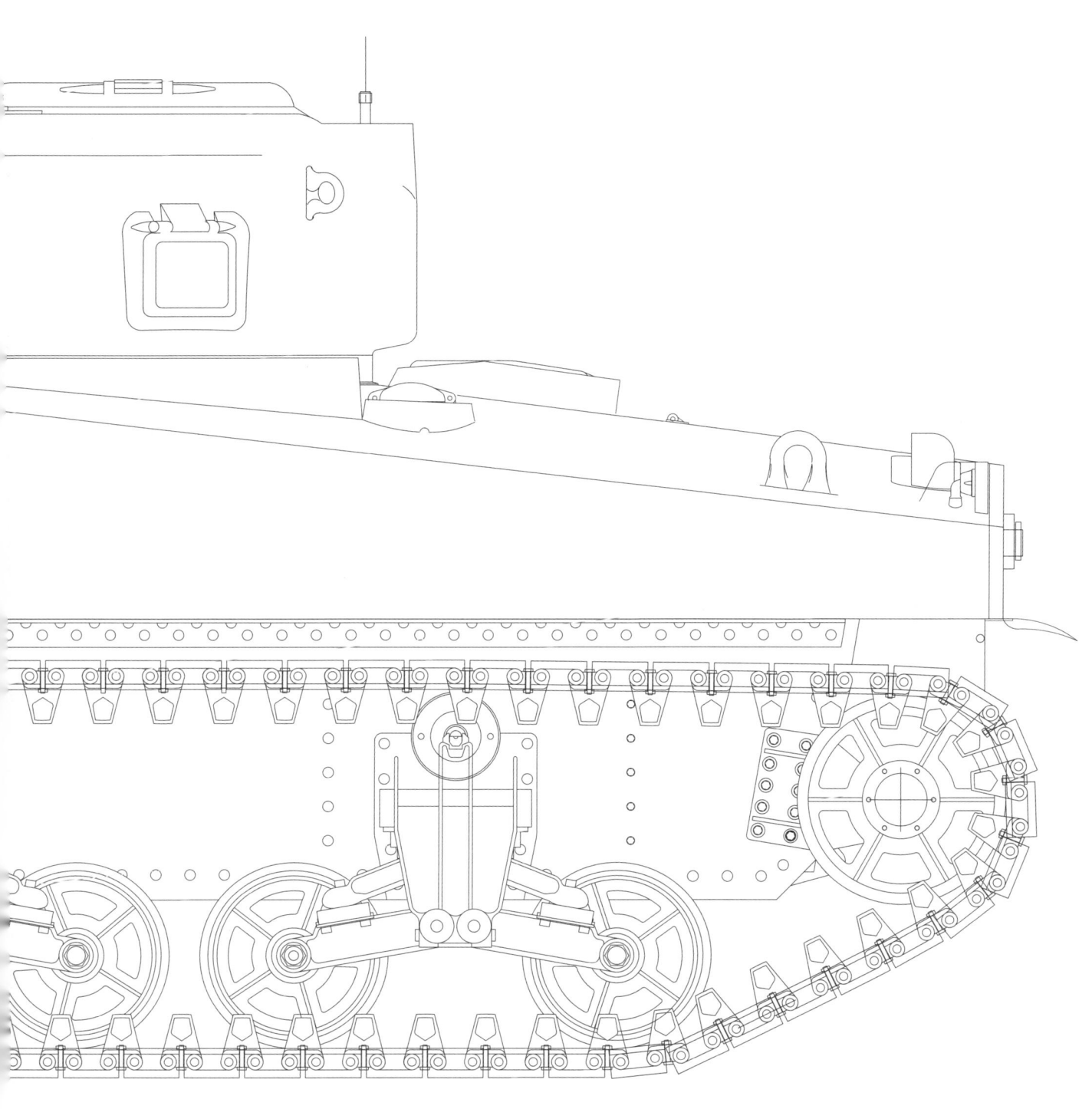

Sheet/Arkusz A

...mm M3 gun on M34 mount
...al. 75 mm w jarzmie typu M34

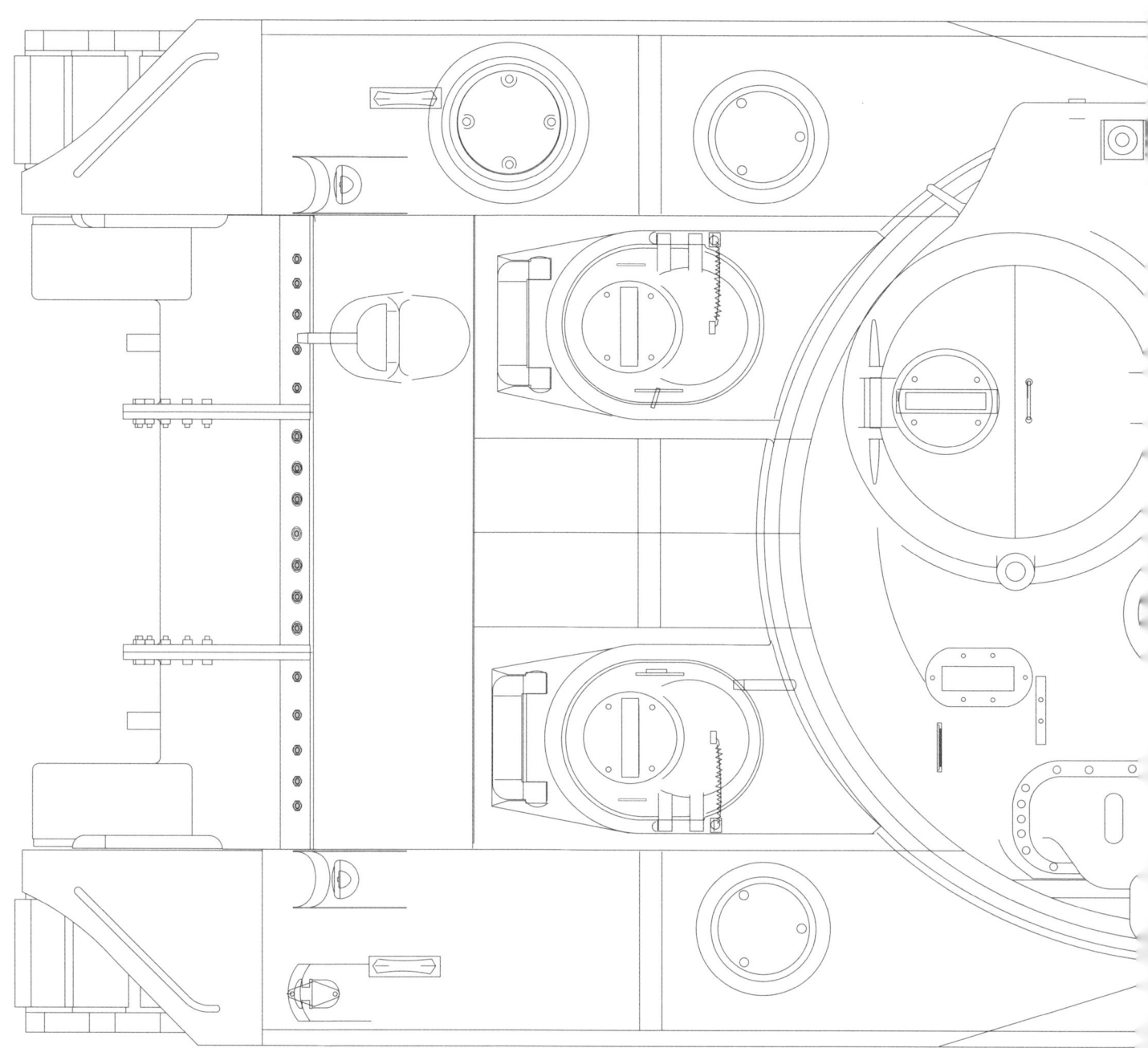

M4 Sherman

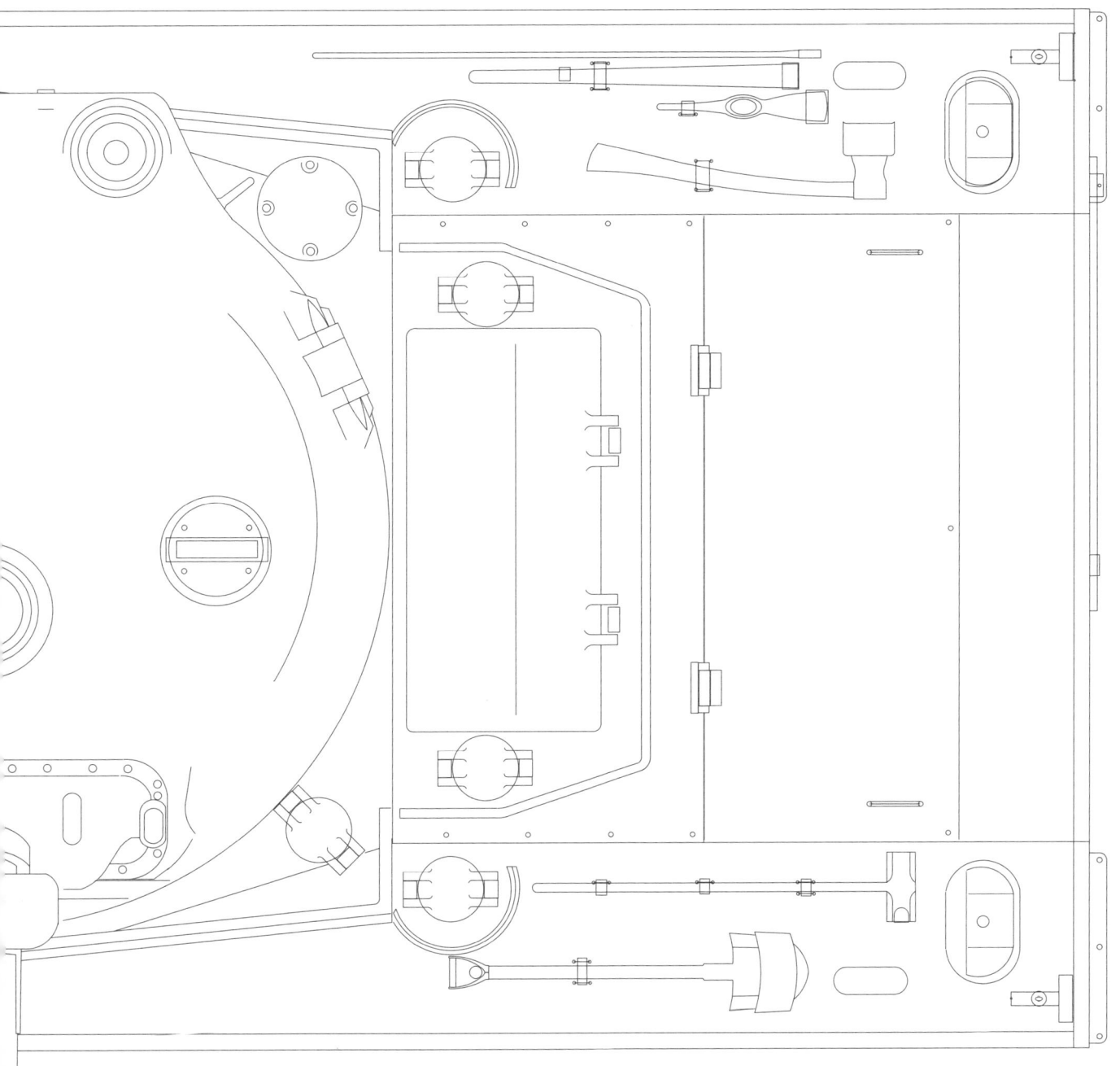

M4 tank with bolted lower hull, 75 mm M3 gun on M34 mount
Czołg M4 z wanną nitowaną, działo M3 kal. 75 mm w jarzmie typu M34

Scale/Skala 1/16

www.kagero.eu
www.shop.kagero.pl

TOPDRAWINGS
Drawings/rysował: © Stanisław Mokwa
M4 Sherman

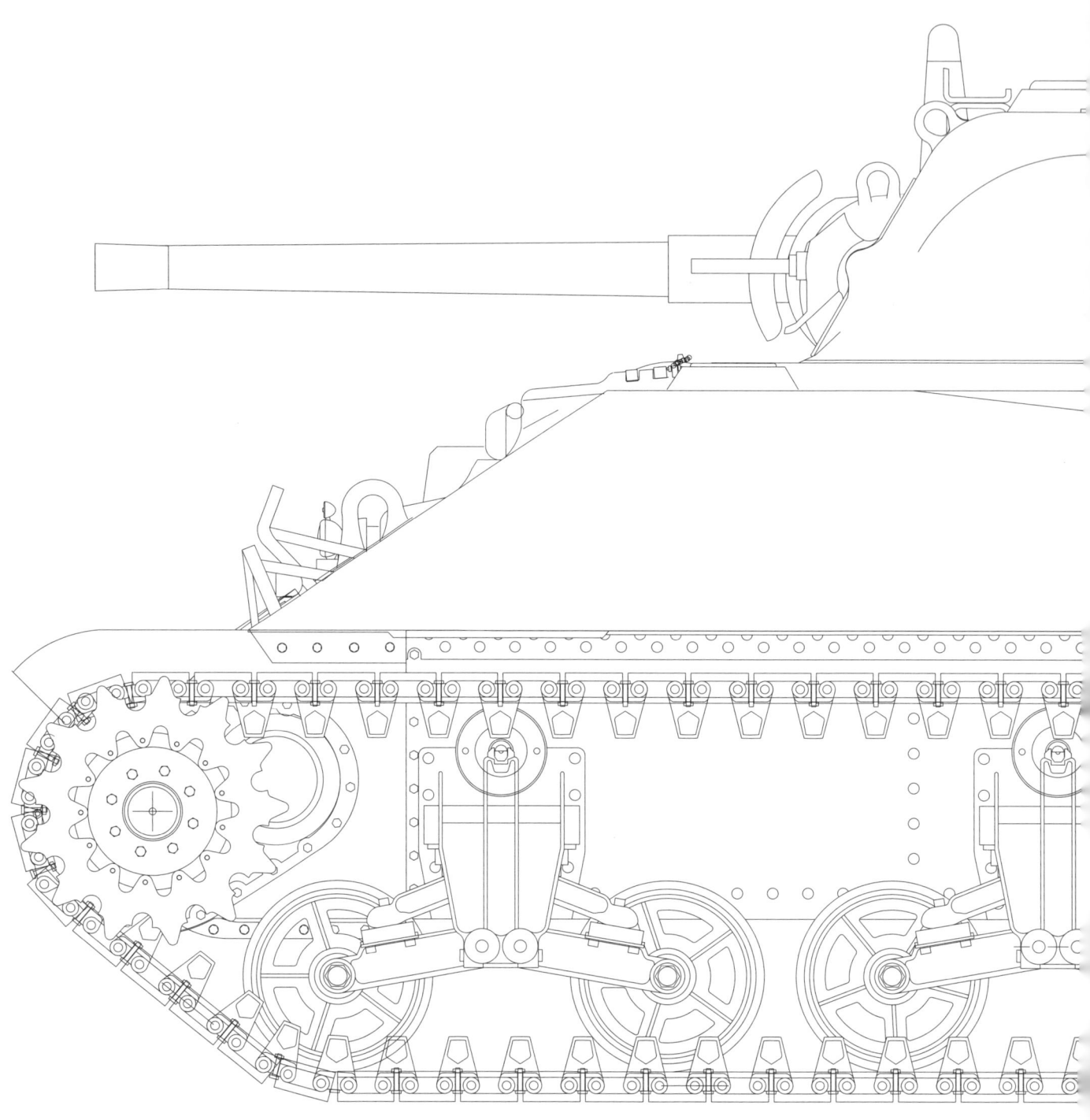

M4 tank with bolted lower
Czołg M4 z wanną nitowaną, dz

Scale/Skala 1/16

M4A1 Sherman (76) of Israeli Tank Regiment during exercise, Synaj, 1961
Sherman M4A1 (76). Izraelski Pułk Pancerny podczas ćwiczeń, Synaj, 1961 rok

Sherman Firefly (VC variant) of 2nd squadron, 1st Polish Armoured Division. Great Britain, spring, 1944
Sherman Firefly (wariant VC) należący do 2. szwadronu 2. pułku polskiej 1. Dywizji Pancernej. Wielka Brytania, wiosna 1944 r.

Painted by / Malował:
Arkadiusz Wróbel

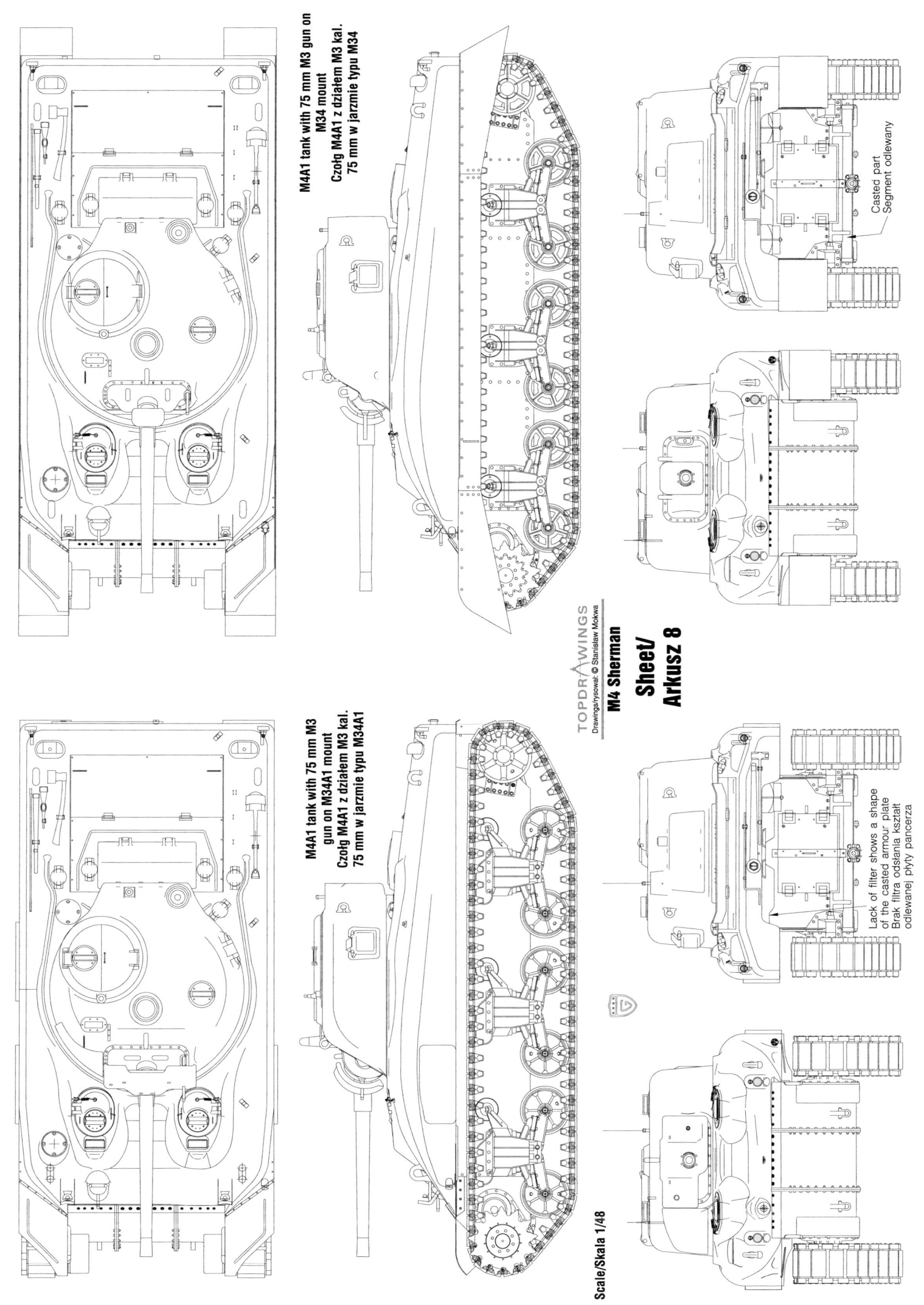

Sheet/Arkusz 9

M4 Sherman
TOPDRAWINGS
Drawings/rysował: © Stanisław Mokwa

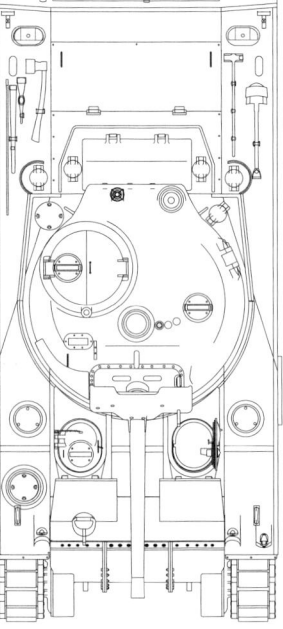

M4 tank with welded lower hull, 75 mm M3 gun on M34A1 mount
Czołg M4 z wanną spawaną, działo M3 kal. 75 mm w jarzmie typu M34A1

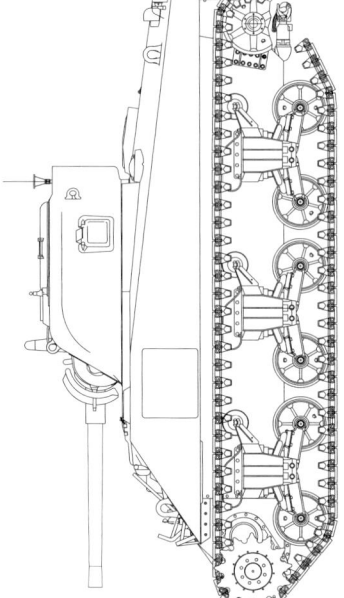

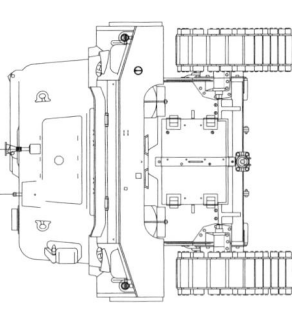
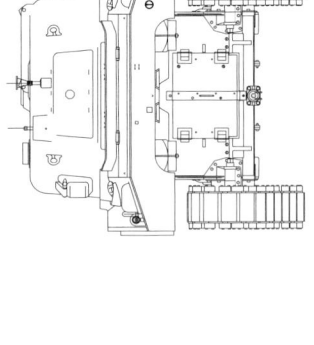

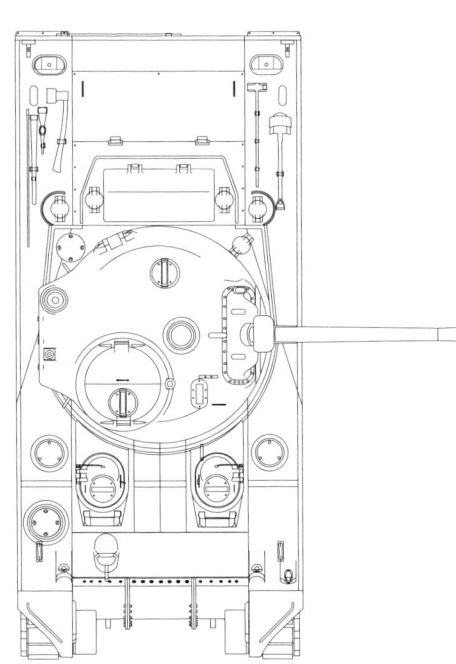

M4 tank with bolted lower hull, 75 mm M3 gun on M34 mount
Czołg M4 z wanną nitowaną, działo M3 kal. 75 mm w jarzmie typu M34

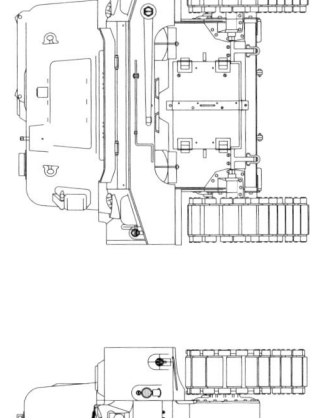
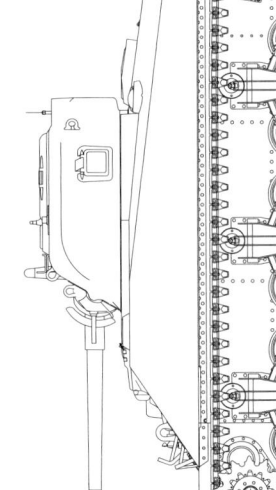

Scale/Skala 1/72

www.kagero.eu
www.shop.kagero.pl

Sheet/Arkusz 10

M4 Sherman

Drawings/rysował: © Stanisław Mokwa

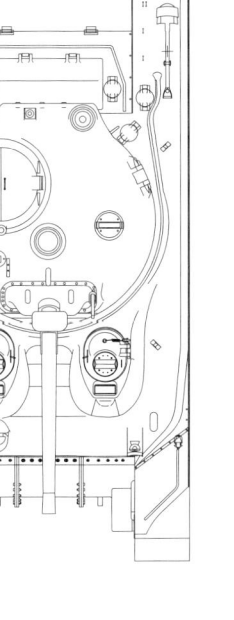
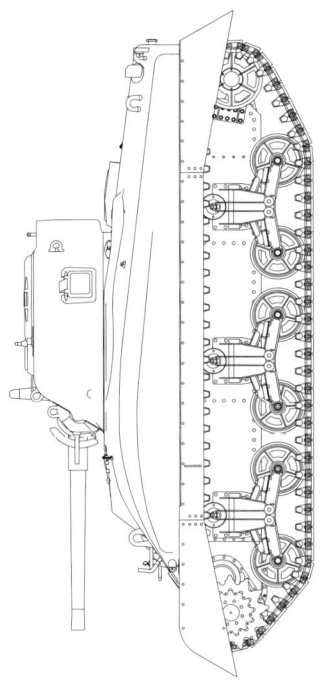

M4A1 tank with 75 mm M3 gun on M34 mount
Czołg M4A1 z działem M3 kal. 75 mm w jarzmie typu M34

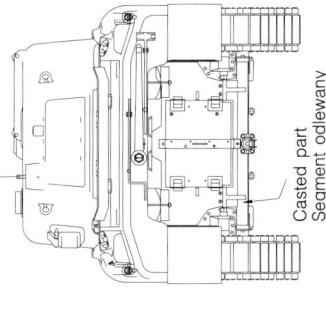
Casted part
Segment odlewany

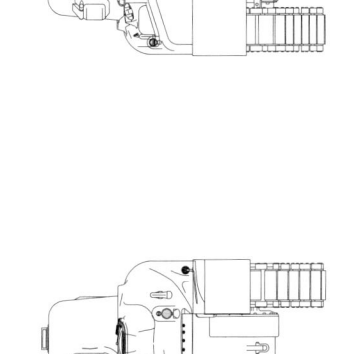

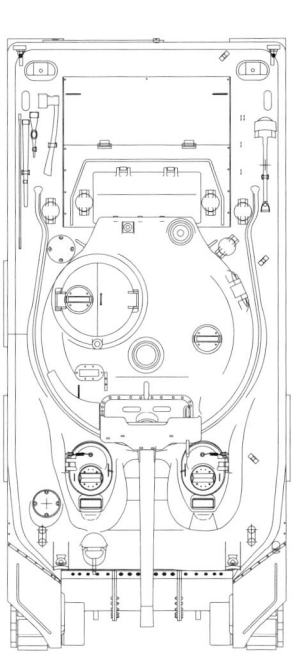
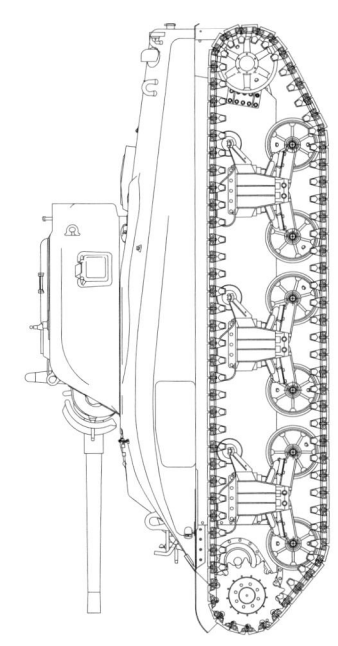

M4A1 tank with 75 mm M3 gun on M34A1 mount
Czołg M4A1 z działem M3 kal. 75 mm w jarzmie typu M34A1

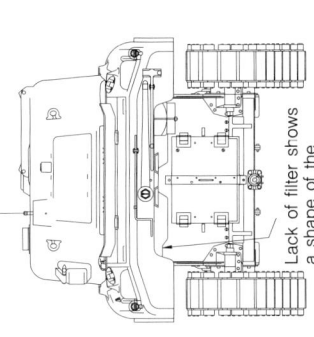
Lack of filter shows a shape of the casted armour plate
Brak filtra odsłania kształt odlewanej płyty pancerza

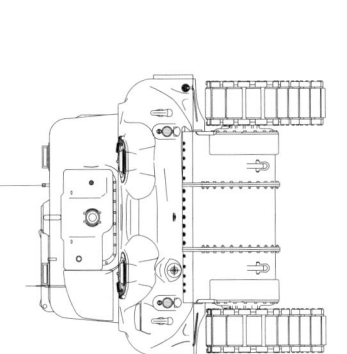

Scale/Skala 1/72

www.kagero.eu
www.shop.kagero.pl

M4 Sherman

TOPDRAWINGS
Drawings/rysował: © Stanisław Mokwa

Sheet/Arkusz 11

M4A4 Firefly. Scale: 1/72, 1/48, 1/35
Czołg M4A4 Firefly. Skala: 1/72, 1/48, 1/35

www.kagero.eu
www.shop.kagero.pl

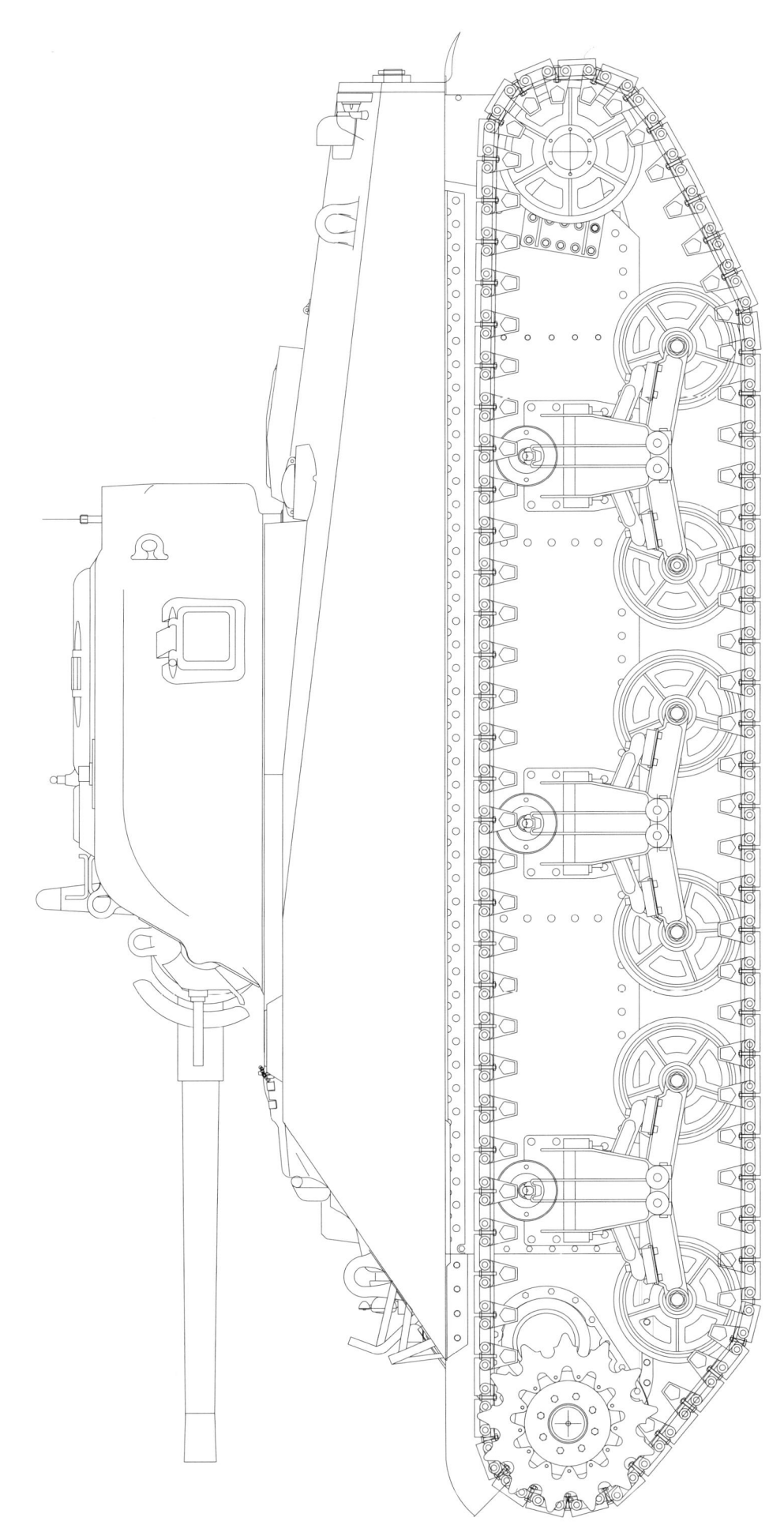

Sheet/Arkusz 13

M4 tank with welded lower hull, 75 mm M3 gun on M34A1 mount
Czołg M4 z wanną spawaną, działo M3 kal. 75 mm w jarzmie typu M34A1

Scale/Skala 1/24
www.kagero.eu
www.shop.kagero.pl

TOPDRAWINGS
Drawings/rysował: © Stanisław Mokwa
M4 Sherman

Sheet/Arkusz 14

M4 tank with welded lower hull, 75 mm M3 gun on M34A1 mount
Czołg M4 z wanną spawaną, działo M3 kal. 75 mm w jarzmie typu M34A1

M4 Sherman

TOPDRAWINGS
Drawings/rysował: © Stanisław Mokwa

Scale/Skala 1/24
www.kagero.eu
www.shop.kagero.pl

M4 tank with welded lower hull, 75 mm M3 gun on M34A1 mount
Czołg M4 z wanną spawaną, działo M3 kal. 75 mm w jarzmie typu M34A1

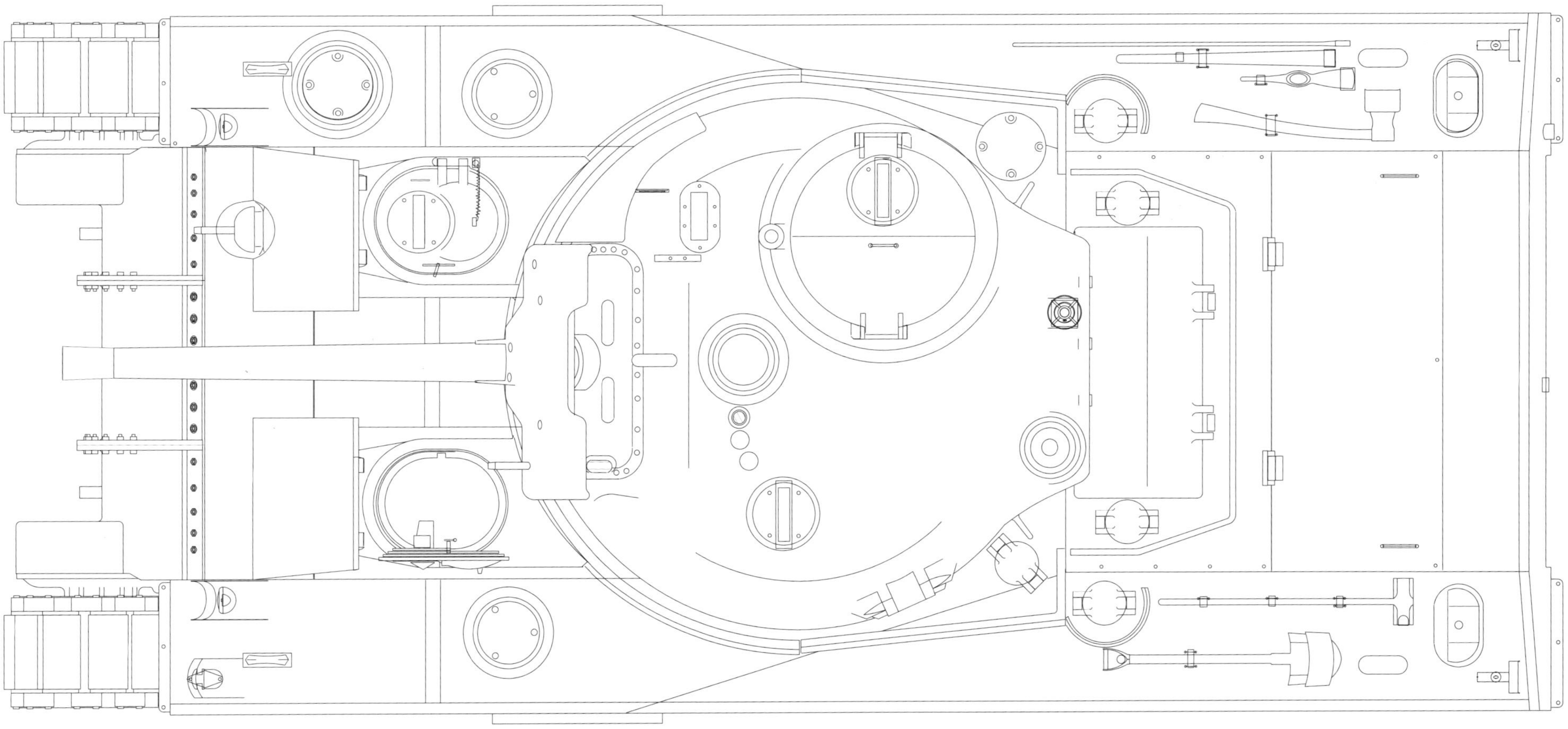